ED EMBERLEY
Desenhando FACES

6ª impressão

PANDA BOOKS

© Edward R. Emberley

Esta edição foi publicada com a autorização da Little, Brown and Company (Inc.), Nova York, NY, EUA. Todos os direitos reservados

Diretor editorial
Marcelo Duarte

Diretora comercial
Patth Pachas

Diretora de projetos especiais
Tatiana Fulas

Coordenadora editorial
Vanessa Sayuri Sawada

Assistente editorial
Olívia Tavares

Diagramação
Divina Rocha Corte

Impressão
Lis Gráfica

CIP – BRASIL. CATALOGAÇÃO NA FONTE
SINDICATO NACIONAL DOS EDITORES DE LIVROS, RJ

E44d

Emberley, Ed
   Desenhando faces/ Ed Emberley; tradução Tatiana Fulas. – 1. ed. – São Paulo: Panda Books, 2007. 32 pp.

   Tradução de Drawing book of faces

   ISBN: 978-85-88948-45-7

   1. Face na arte. 2. Desenho técnico – Literatura infantojuvenil. 3. Desenho infantil. I. Título.

07-1007
CDD: 741.02
CDU: 741.02

2021
Todos os direitos reservados à Panda Books.
Um selo da Editora Original Ltda.
Rua Henrique Schaumann, 286, cj. 41
05413-010 – São Paulo – SP
Tel./Fax: (11) 3088-8444
edoriginal@pandabooks.com.br
www.pandabooks.com.br
Visite nosso Facebook, Instagram e Twitter.

Nenhuma parte desta publicação poderá ser reproduzida por qualquer meio ou forma sem a prévia autorização da Editora Original Ltda. A violação dos direitos autorais é crime estabelecido na Lei nº 9.610/98 e punido pelo artigo 184 do Código Penal.

SE VOCÊ CONSEGUE DESENHAR ESTAS COISAS → • ∪ D O △ ▢ ⋘

VOCÊ PODE DESENHAR TODOS OS TIPOS DE FACES.

COM O PASSO A PASSO DOS DESENHOS VOCÊ VERÁ COMO É FÁCIL!

ESTA LINHA MOSTRA O QUE DESENHAR.

E ESTA AQUI MOSTRA ONDE COLOCAR.

ISTO SIGNIFICA "PREENCHER"

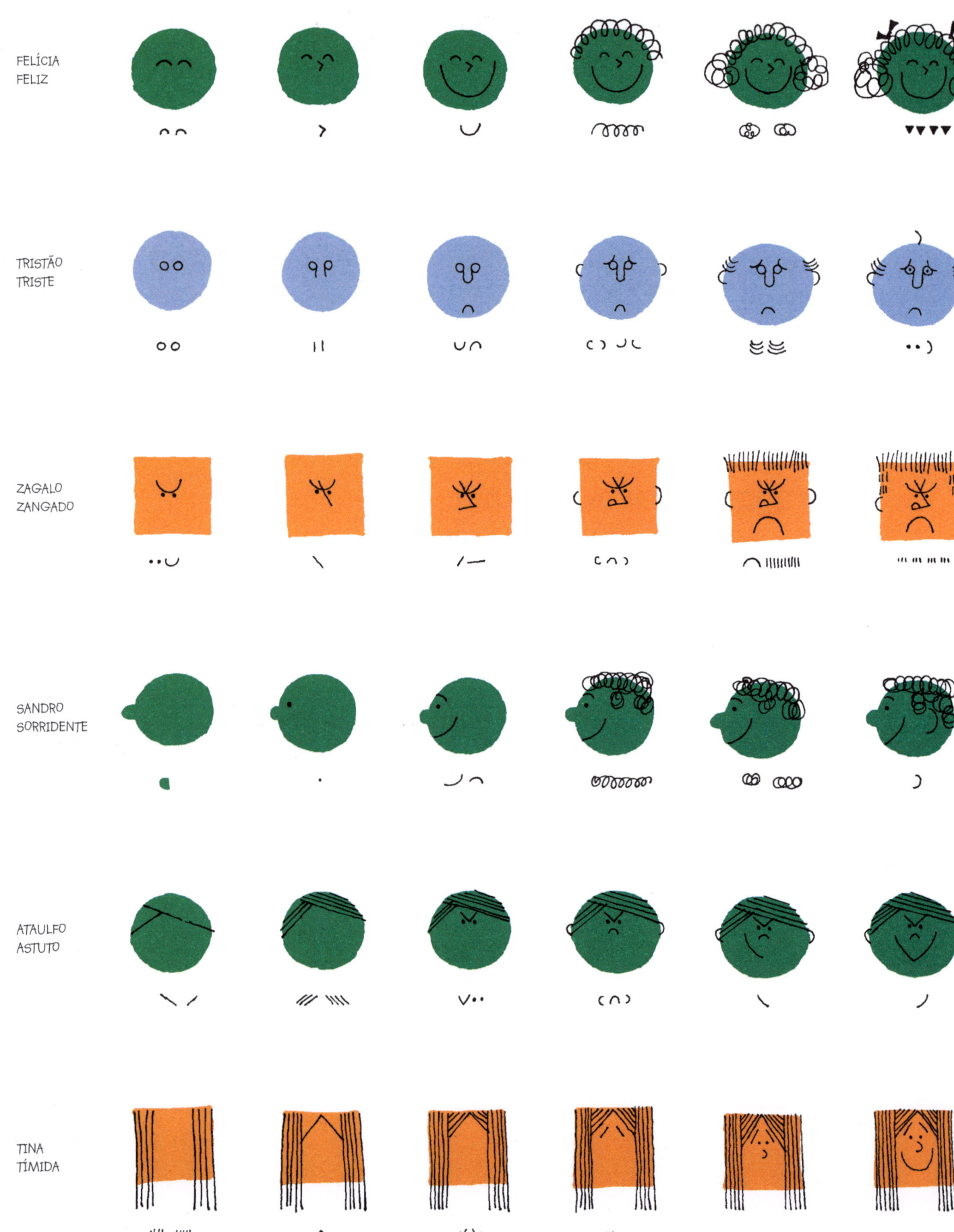

DANILO DANADO						
MELISSA METIDA						
PETRÚCIO PERPLEXO	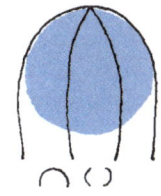	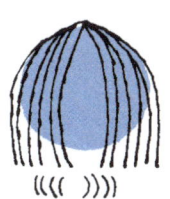				
ORFEU ORGULHOSO						
CANDINHA CANSADA		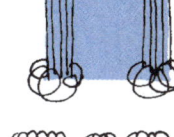	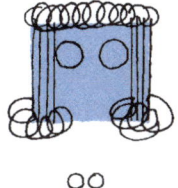	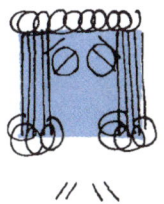		
AUGUSTO APAIXONADO						

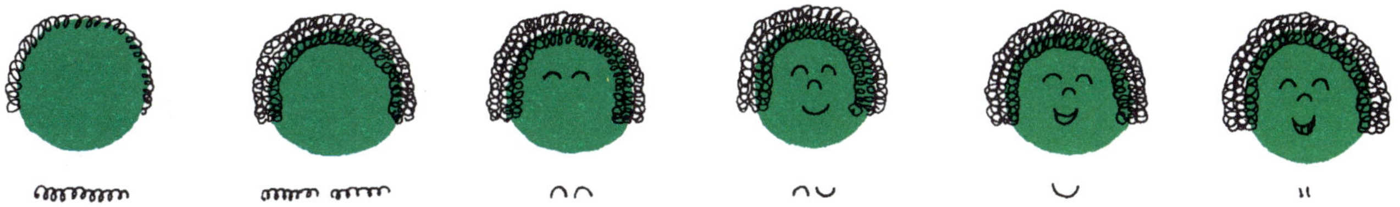

ELISABETE ENGRAÇADA

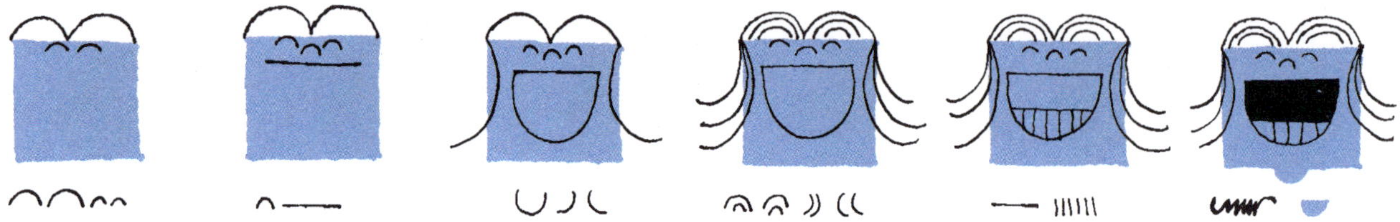

BARNEY BARULHENTO

DEMÉTRIO DETERMINADO

CONRADO CONVENCIDO

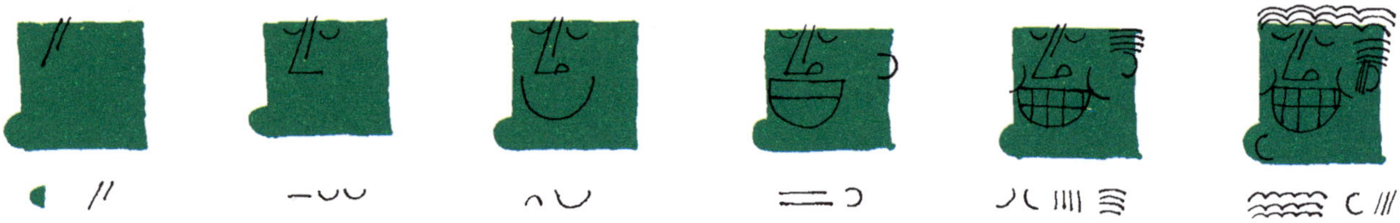

CAMILO COMILÃO

NEUSA NERVOSA

DORA DORMINHOCA		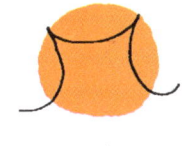				
RONALDO RONCADOR	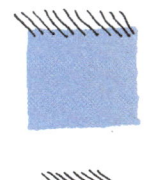					
SUELI SURPRESA						
ASSIS ASSUSTADO						
MONTEIRO MONSTRO						
VANDE VAMPIRO						

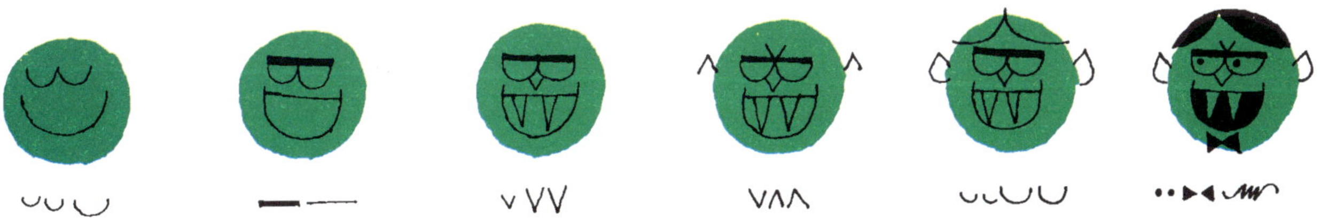

PLÍNIO
PISCANDO

ANDRESSA
ASSOBIANDO
 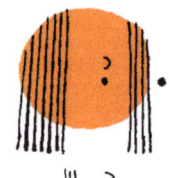    

CATARINA
CANTANDO

BARRY
BARÍTONO

CRISTIANO
CONDE
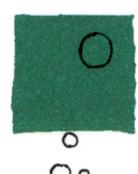     

MÉRCIA
MÉDICA
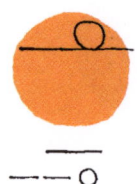     

VITOR
VIOLENTO

BEL
BEBÊ

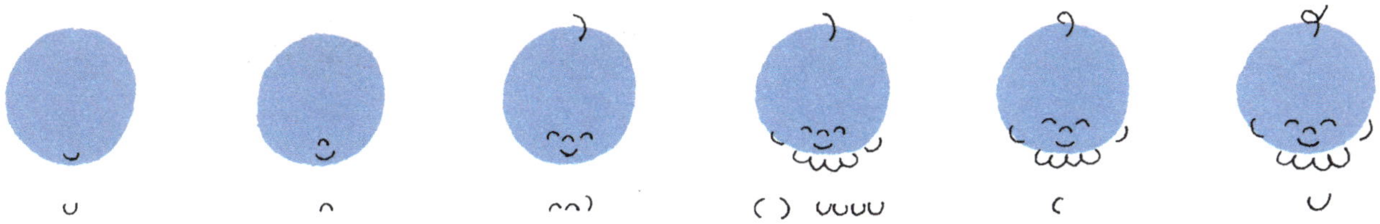

PIETRO
PROFESSOR

SANDRA
SARDENTA

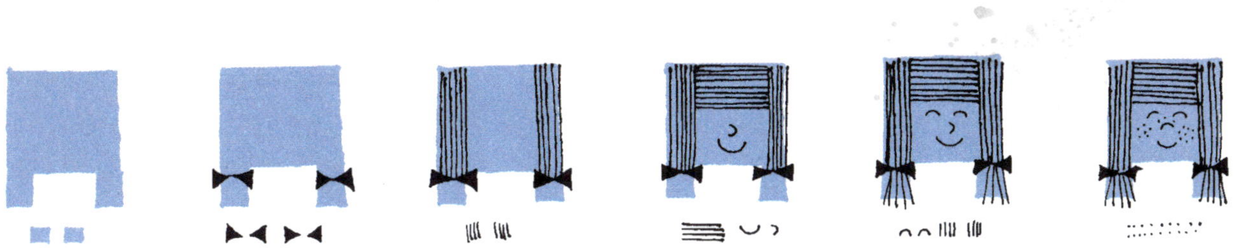

ORLANDO
OLHO ROXO

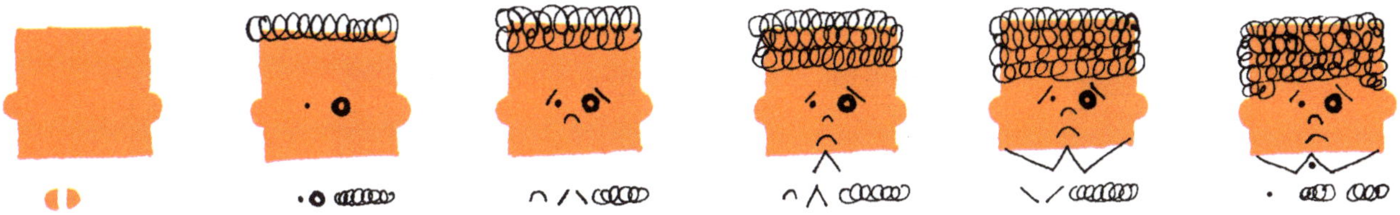

FUGÊNCIO
FOFINHO

BRENO BARBUDO

CAIO CABELUDO

TALITA TRANCINHA

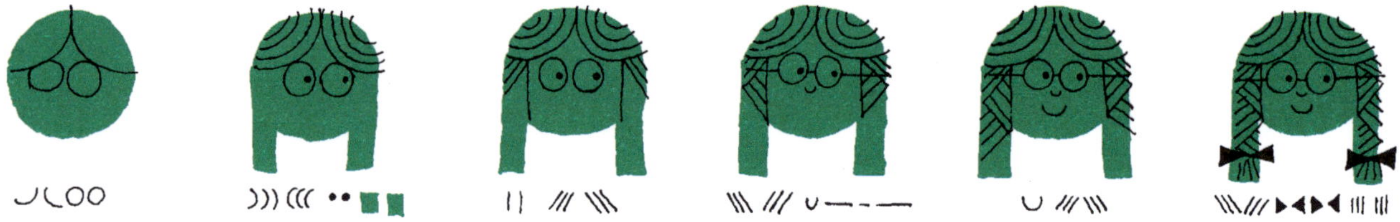

SANDRO SARAMPO

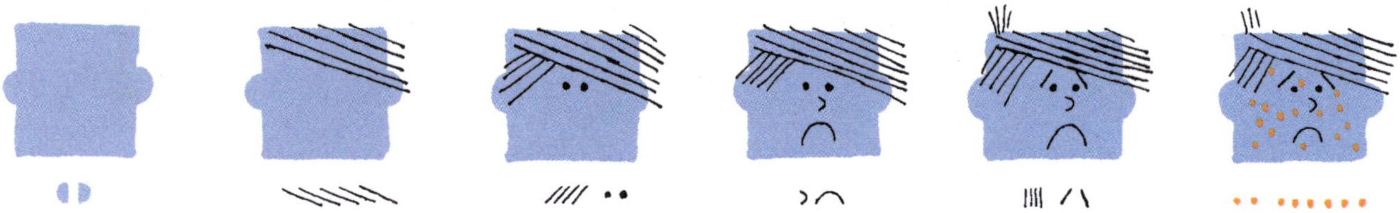

DÊNIS DESMAIADO

CÁSSIA CACHEADA

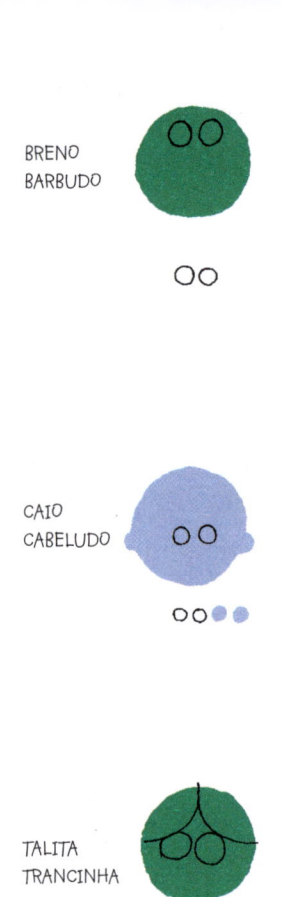

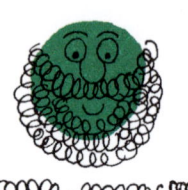

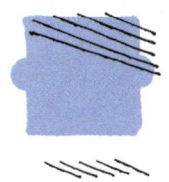

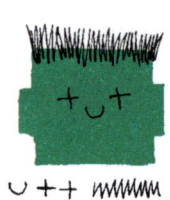

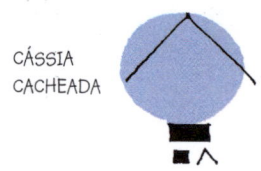

TADEU
TOUCA

  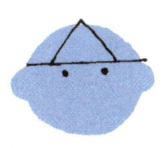   

BILL
BEISEBOL

 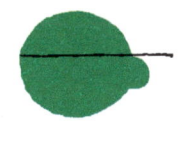 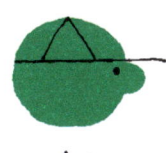 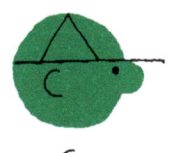  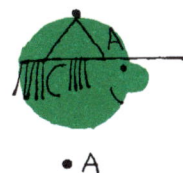

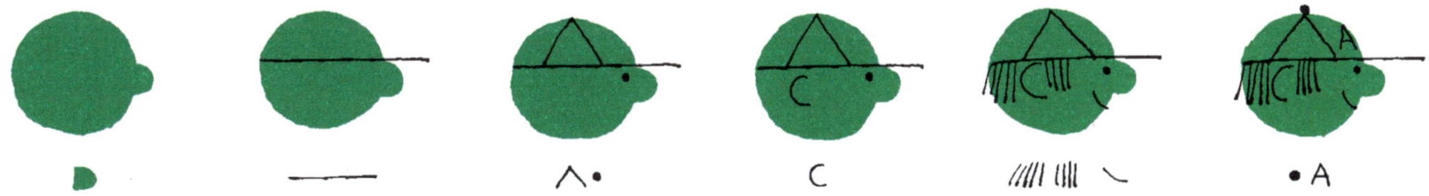

FABIANO
FUTEBOL
AMERICANO

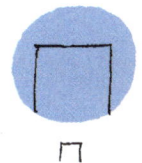    

PAULINHO
PROTETOR DE
ORELHA

GUTO
GORRO

GREGÓRIO
GRADUADO

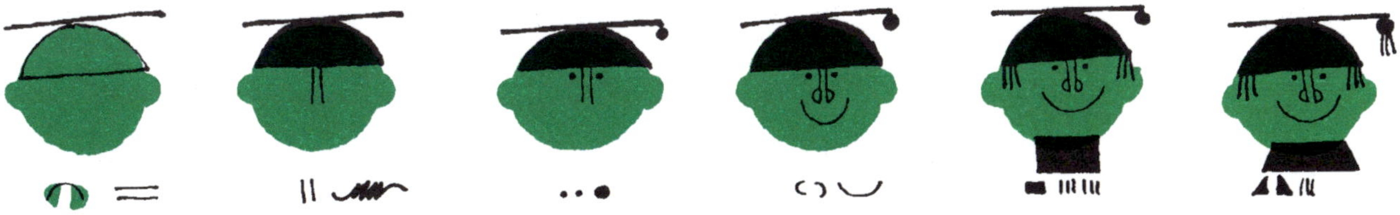

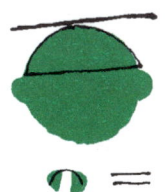     

ARNALDO CHAPÉU ALTO

PEDRALHA CHAPÉU DE PALHA

REINALDO REI

PRISCILA PRINCESA

CAUBI CAUBÓI

13

TURÍBIO
TURBANTE

PAULO
POLICIAL
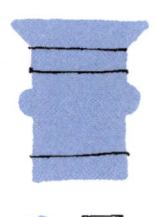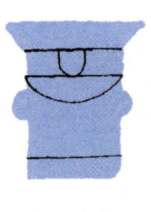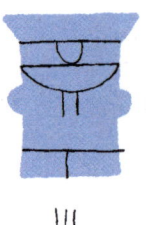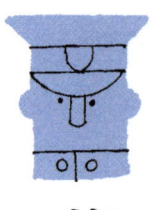

FABIOLA
FISCAL
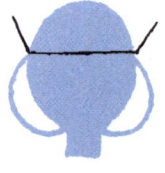
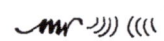

LEON
LADRÃO
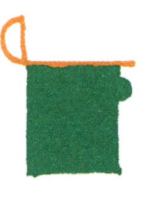

ELISA
ENFERMEIRA
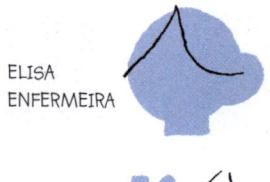

FANI
FAMOSA

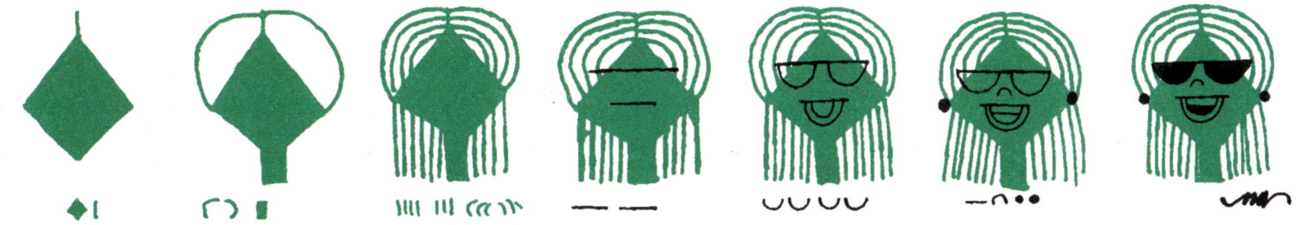

AMAURI
ALMIRANTE

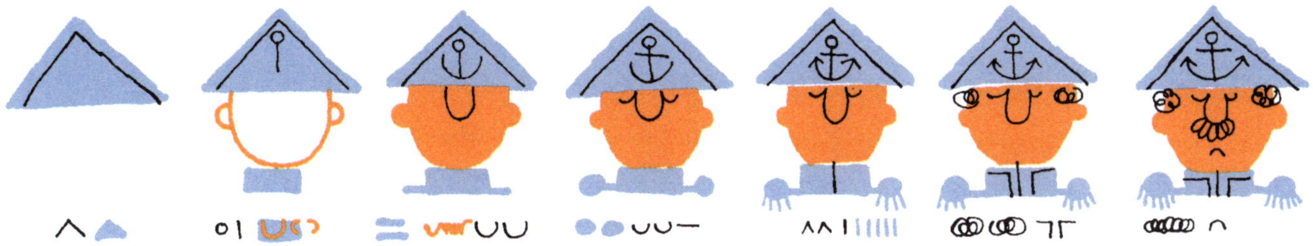

MARINHO
MARINHEIRO

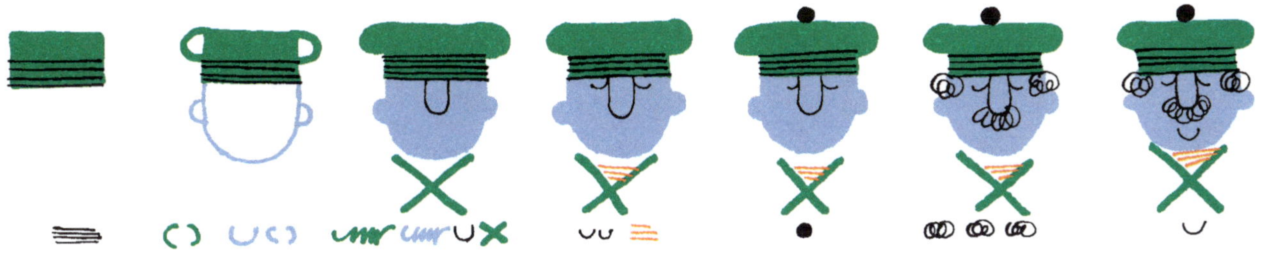

MAURÍCIO
MARINHEIRO

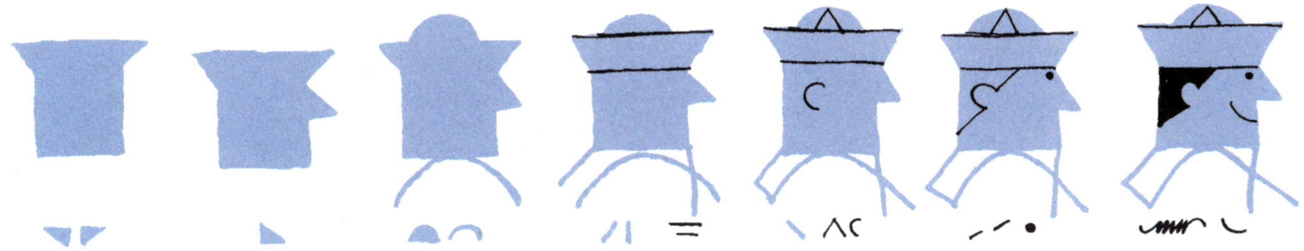

PEDRO
PIRATA

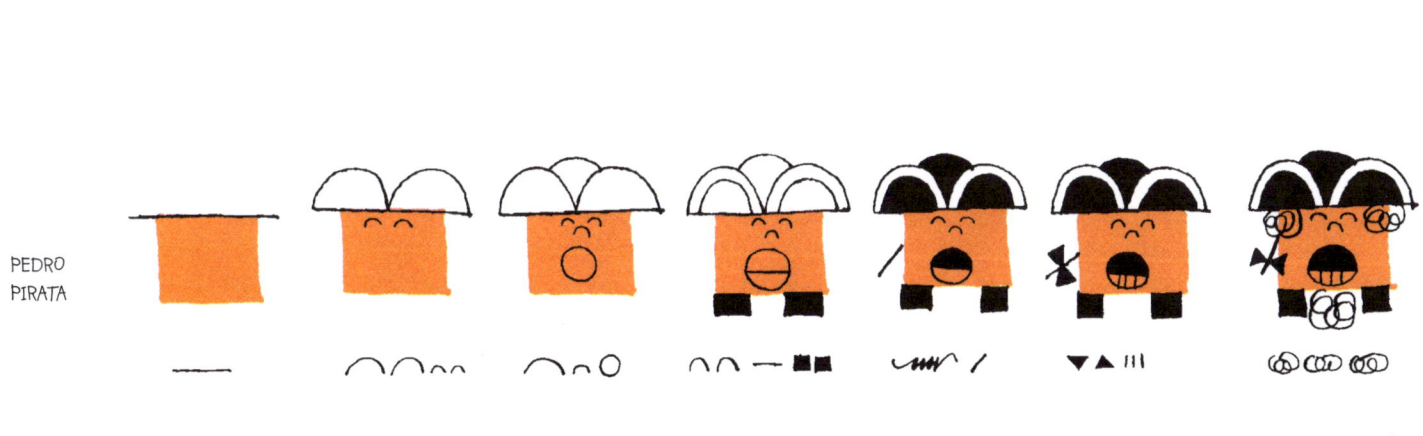

PAULO PALHAÇO

PAULA PALHAÇA

DIMITRI DIRETOR DE TEATRO

MÁRCIO MARCIANO

MELVIN MERGULHADOR

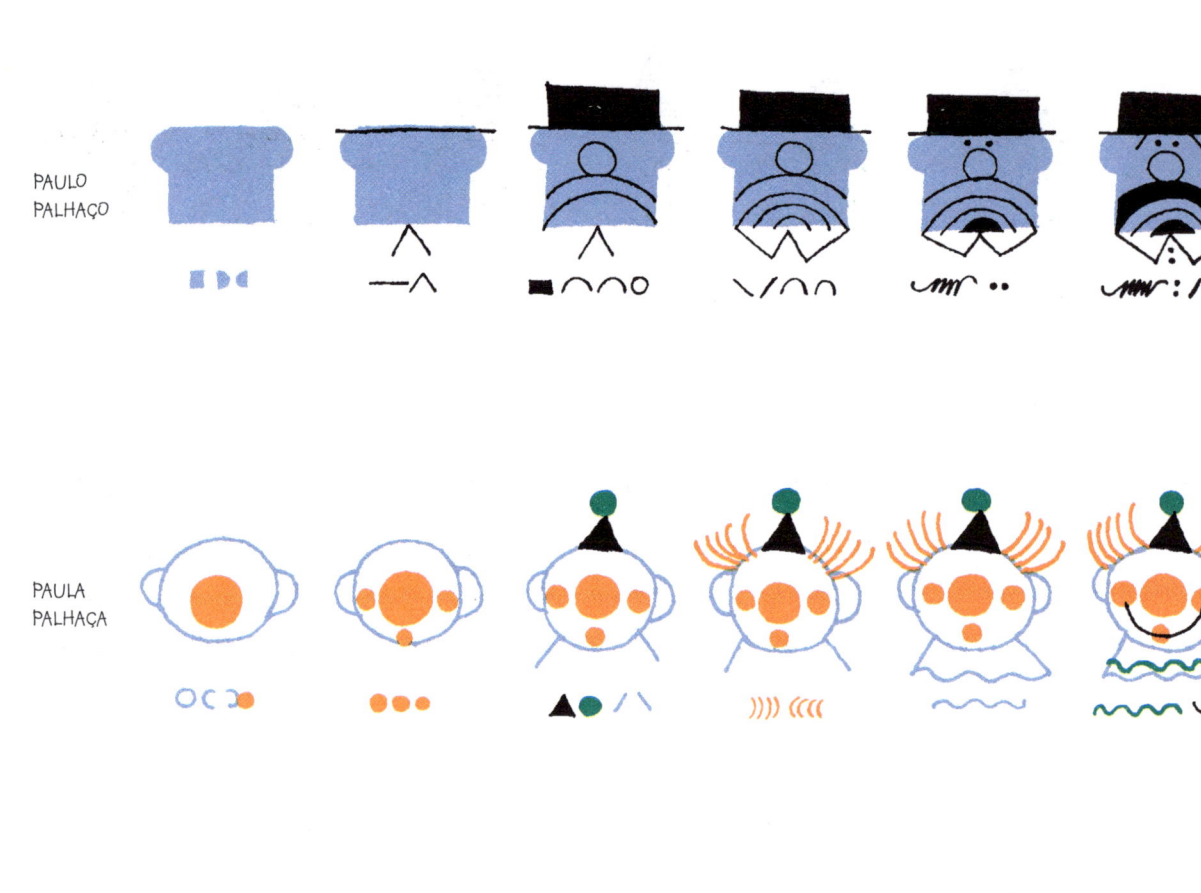

BRUNA
BRUXA

  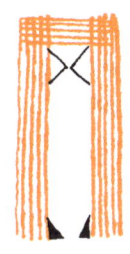     

ASTRID
ASSOMBRADA

ERNESTO
ESQUELETO

ANTÔNIA
ABÓBORA

   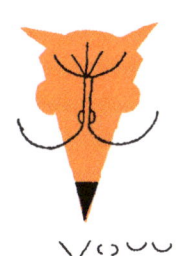   

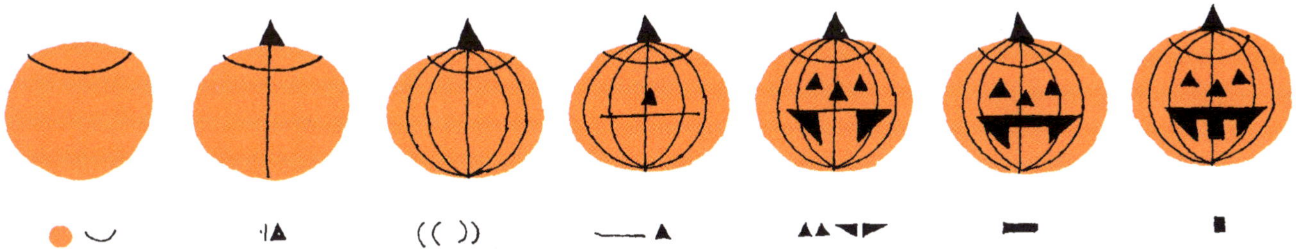

DÊNIO
DEMÔNIO

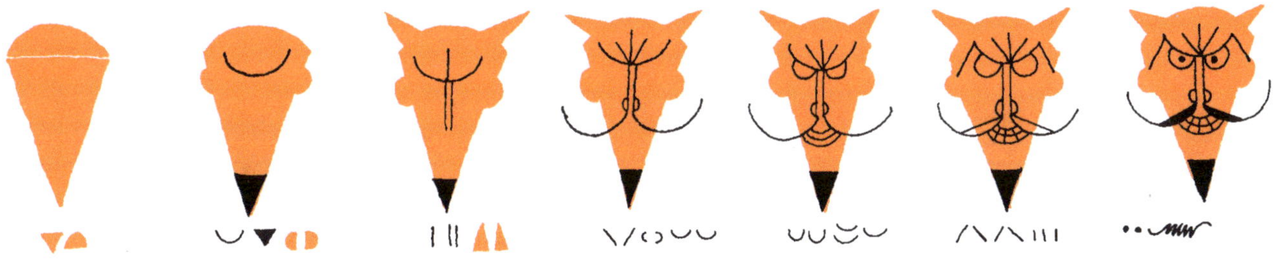

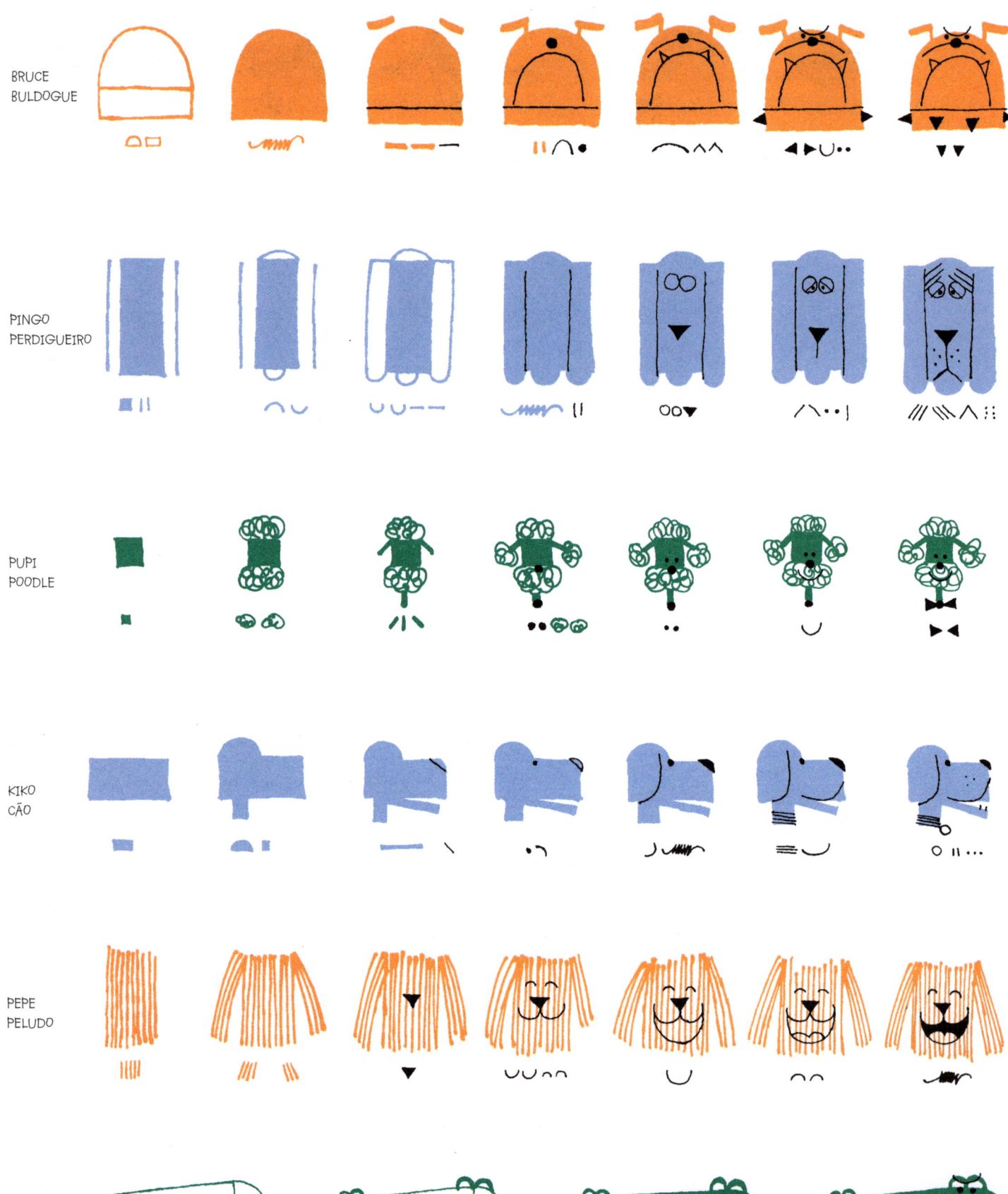

BELO BÚFALO

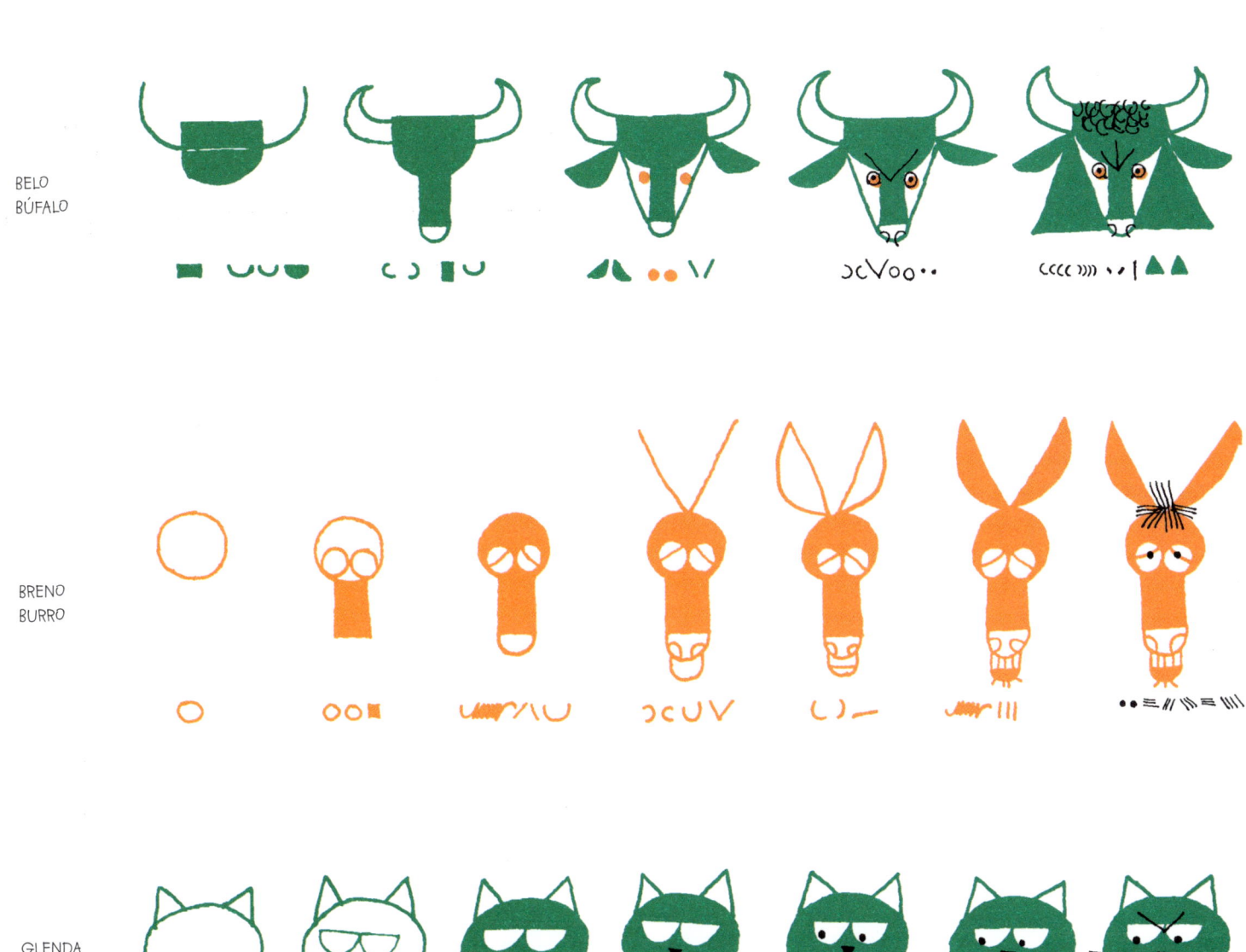

BRENO BURRO

GLENDA GATA

HENRIQUE RATO

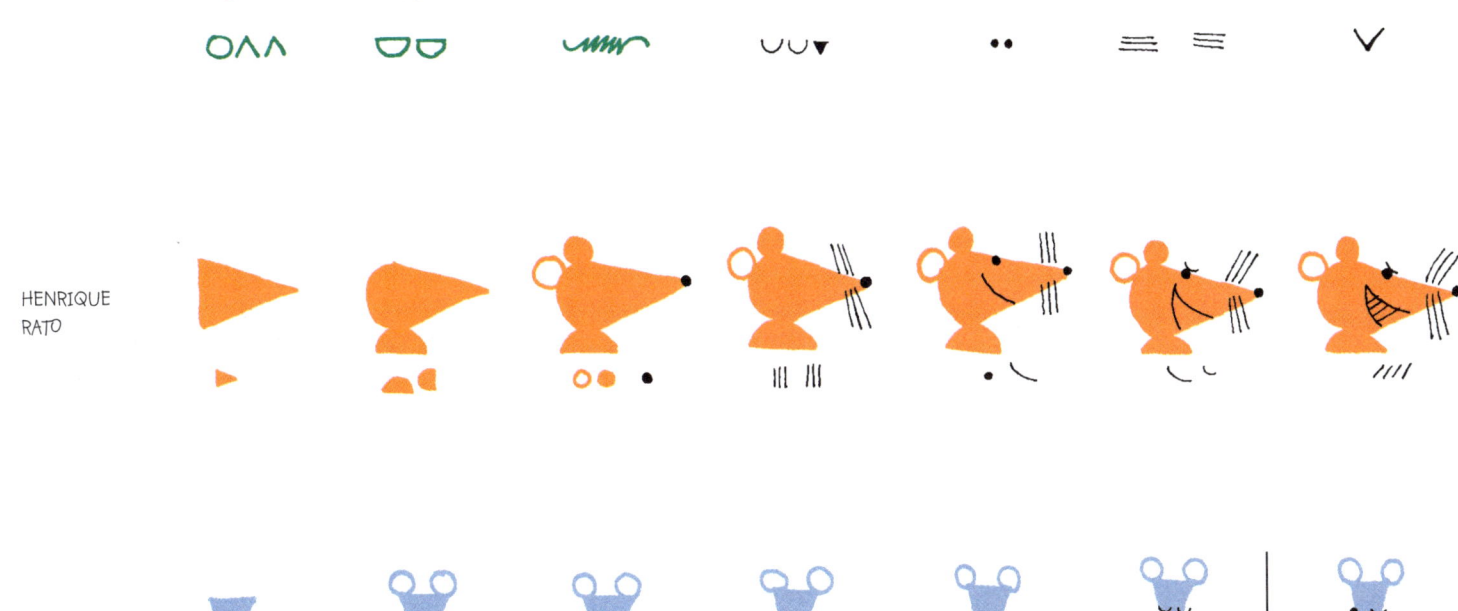

HARRY RATINHO

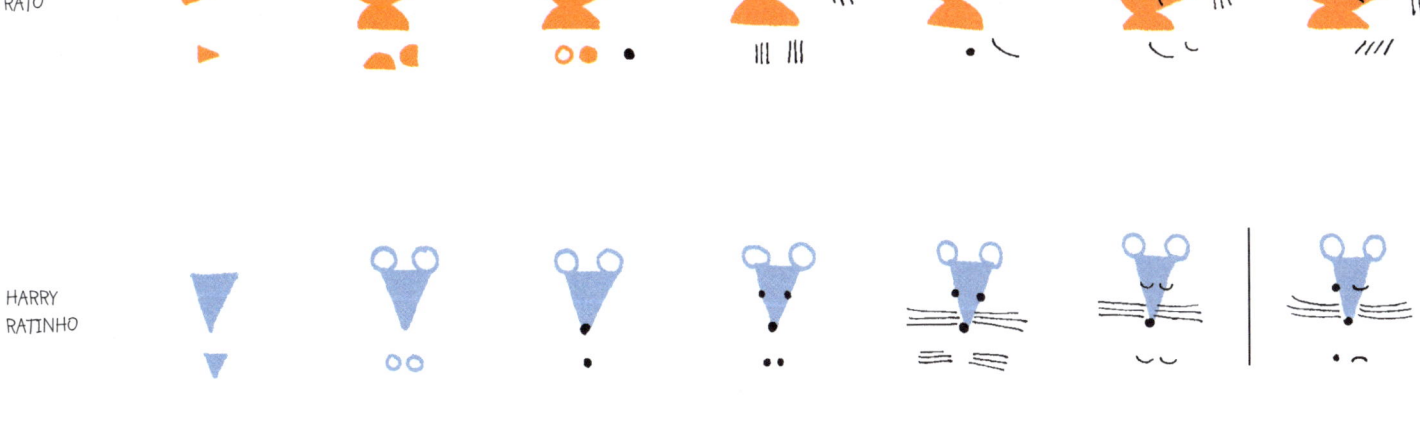

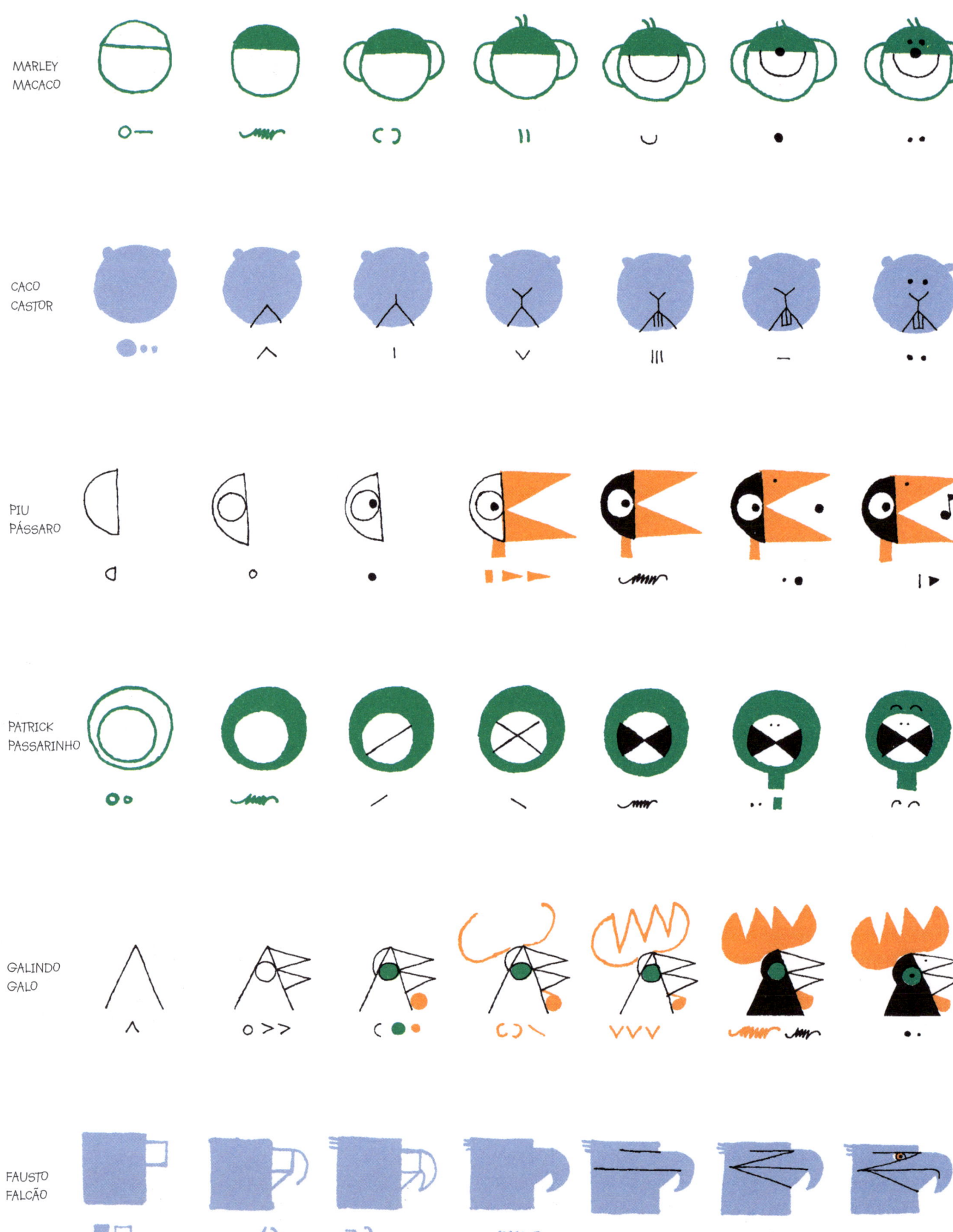

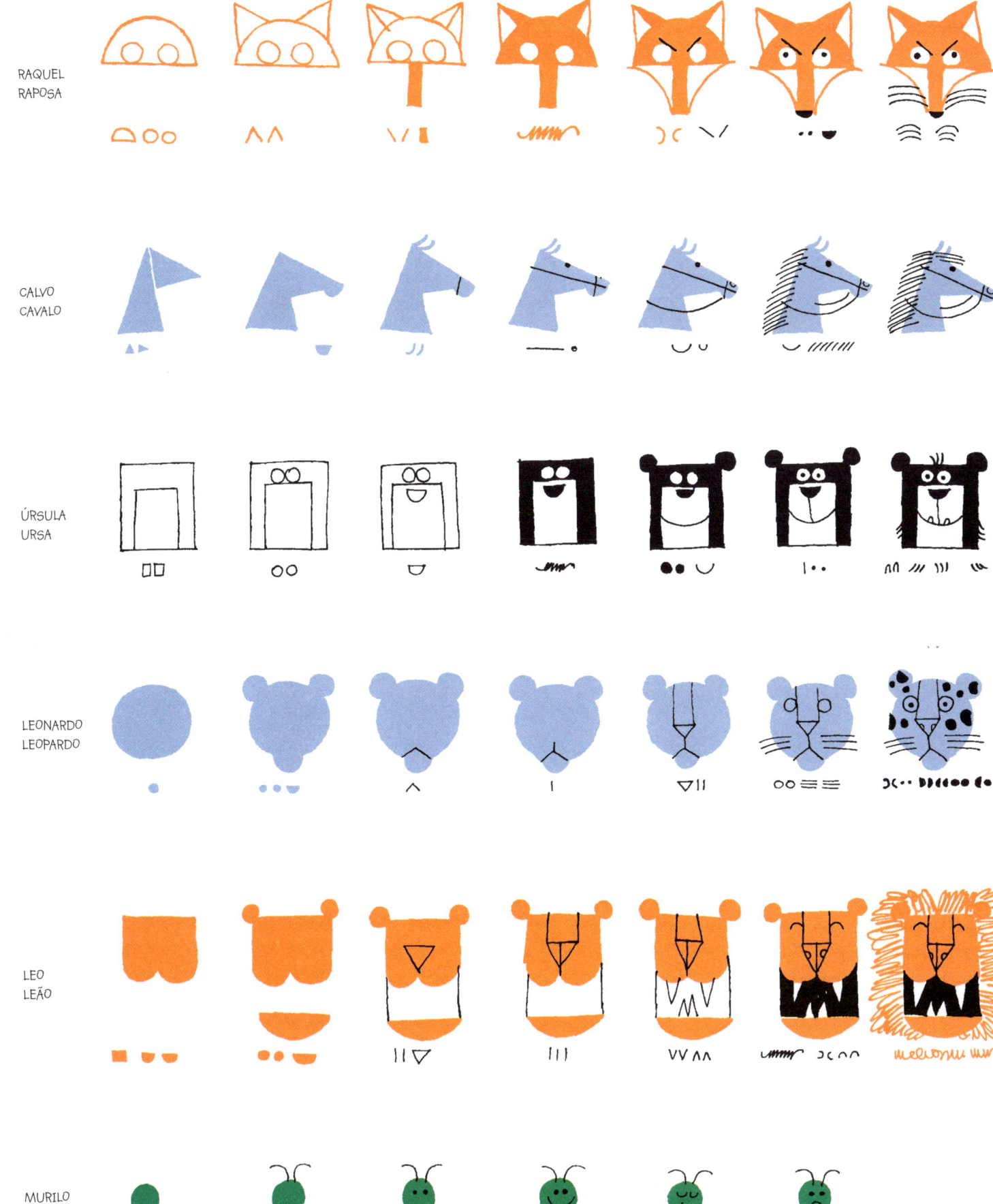

★ AQUI TEM MUITAS OUTRAS FACES.
SERÁ QUE VOCÊ CONSEGUE DESENHÁ-LAS?
LEMBRE-SE: ELAS SÃO FEITAS COM ○ △ ▢ C D • l ℓℓℓℓ

   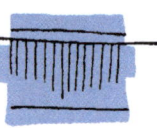    

- UMA DICA PARA APRENDER A DESENHAR É OLHAR AS COISAS REAIS, FOTOGRAFIAS, QUADROS E OUTRAS FORMAS DA ARTE DA PINTURA. TENTE DESENHAR O QUE VOCÊ VÊ. OUTRA DICA É PEGAR PEDAÇOS DE DUAS OU MAIS COISAS QUE VOCÊ APRENDEU A DESENHAR E COLOCÁ-LOS JUNTOS PARA FAZER ALGO NOVO. ABAIXO TEM ALGUNS EXEMPLOS PARA VOCÊ FAZER "COISAS NOVAS" COM ESTE LIVRO.

★ VOCÊ PODE FAZER O MODELO MAIS ALTO... ...MAIS LARGO... OU...

MUDE... DE QUADRADO PARA REDONDO... ...DE REDONDO PARA QUADRADO... OU...

...LOSANGO... OU TRIÂNGULO... OU QUALQUER OUTRO MODELO QUE VOCÊ IMAGINAR.

★ VOCÊ PODE MUDAR O NARIZ DE UMA FACE PARA OUTRA.  ★ VOCÊ PODE MUDAR O CABELO TAMBÉM.

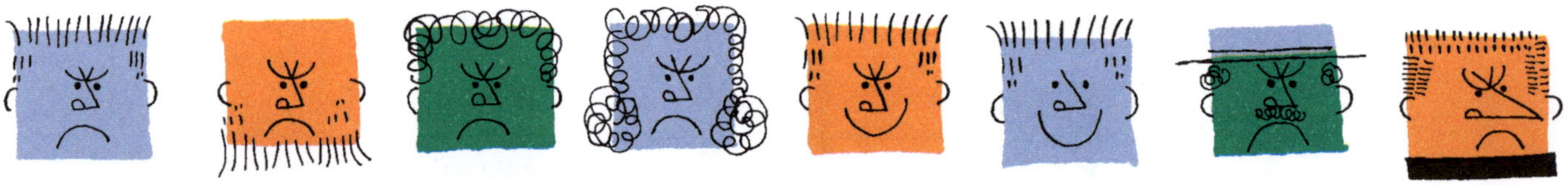

★ MOVENDO, TROCANDO, COLOCANDO OU TIRANDO ALGUMAS PARTES SÃO MANEIRAS DE SE FAZER "COISAS NOVAS".

★ MAIS DICAS:

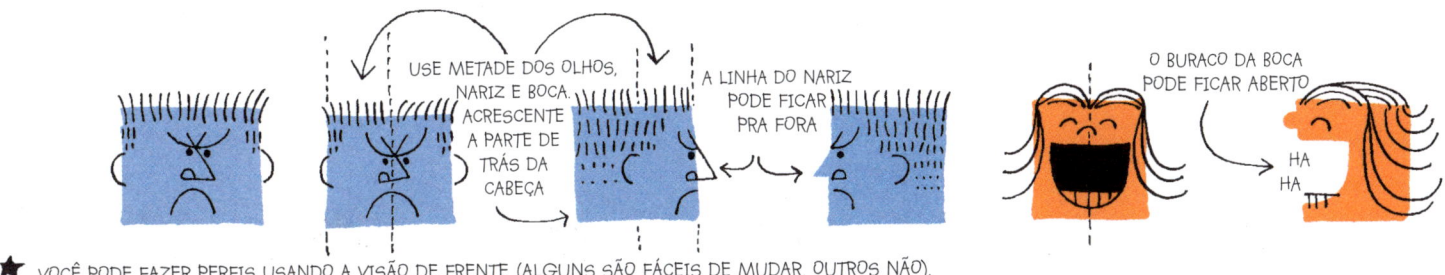

★ VOCÊ PODE FAZER PERFIS USANDO A VISÃO DE FRENTE (ALGUNS SÃO FÁCEIS DE MUDAR, OUTROS NÃO).

★ VOCÊ PODE MUDAR OS TRAÇOS PARA DEIXAR A FACE AGRESSIVA, TÍMIDA OU VIRADA PARA BAIXO.

★ PARA A FACE FICAR MAIS JOVEM, FAÇA O NARIZ E AS SOBRANCELHAS MAIORES, OU MOVA A CABEÇA PARA BAIXO.

★ PARA A FACE FICAR MAIS GORDINHA, AUMENTE O CÍRCULO E SUBA OS TRAÇOS DA FACE.

• AQUI VOCÊ TEM AS PARTES SEPARADAS CASO QUEIRA DESENHAR OUTROS TIPOS DE FACES.

NARIZES

OLHOS

BOCAS

FELIZ   PREOCUPADO   ZANGADO   EMBARAÇADO   BRAVO   SAPECA   RISONHO   FAMINTO   DESCONFIADO

SURPRESO   ASSUSTADO   ARROGANTE   DOENTE   CHORANDO   SONHANDO   AI!   FELIZ   BRAVO

ORELHAS

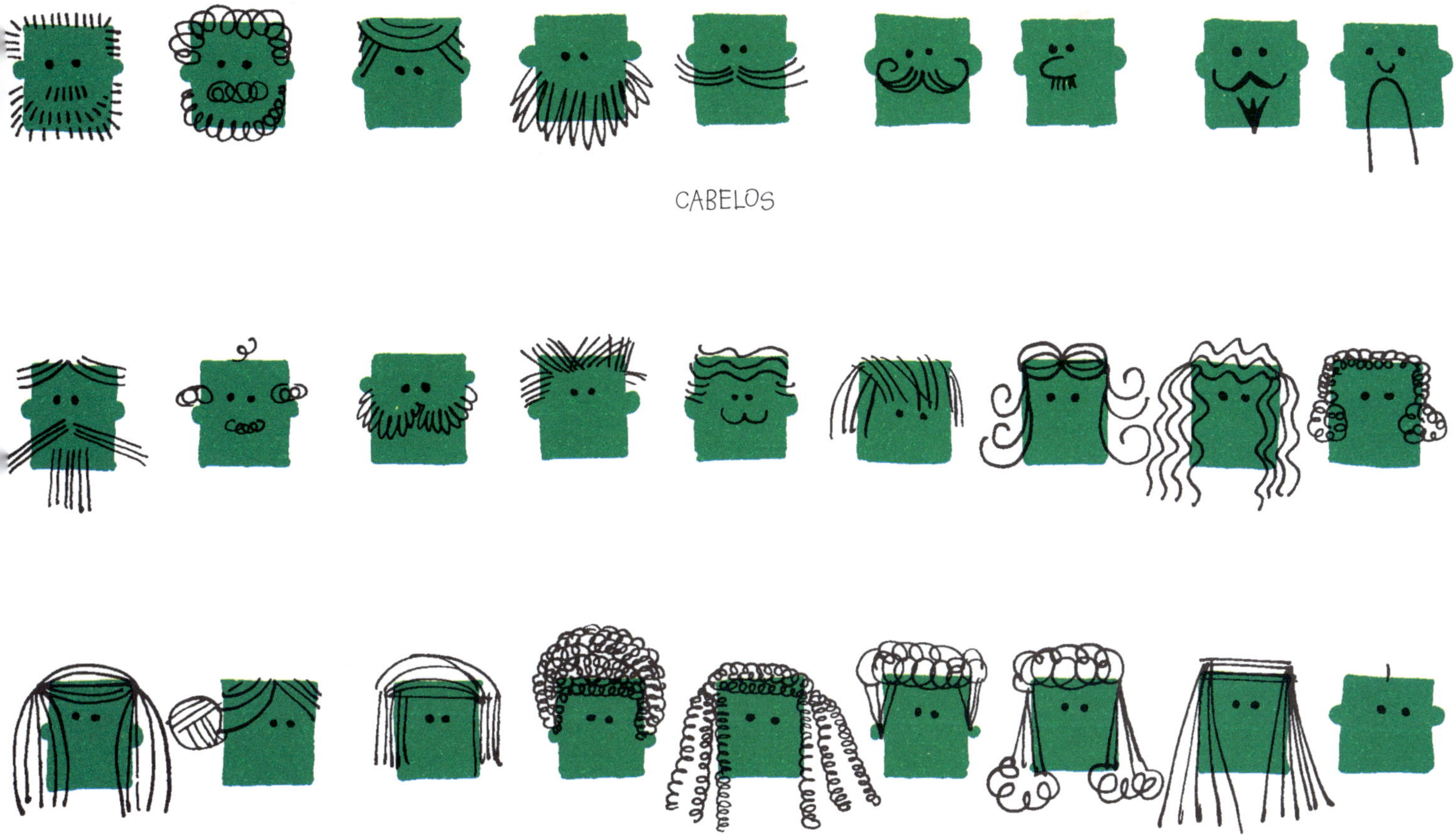

CABELOS

     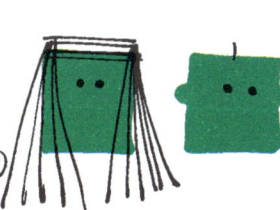

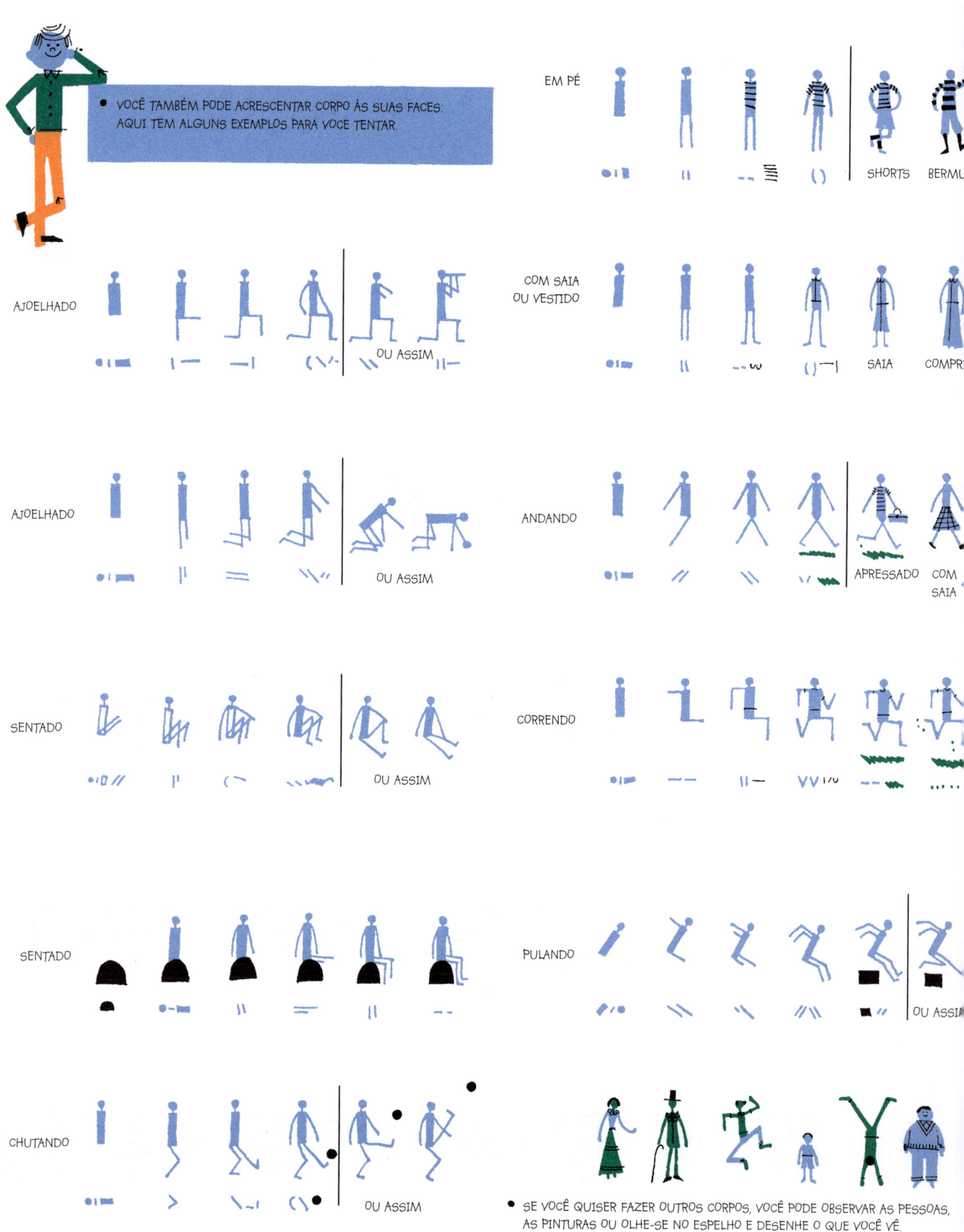

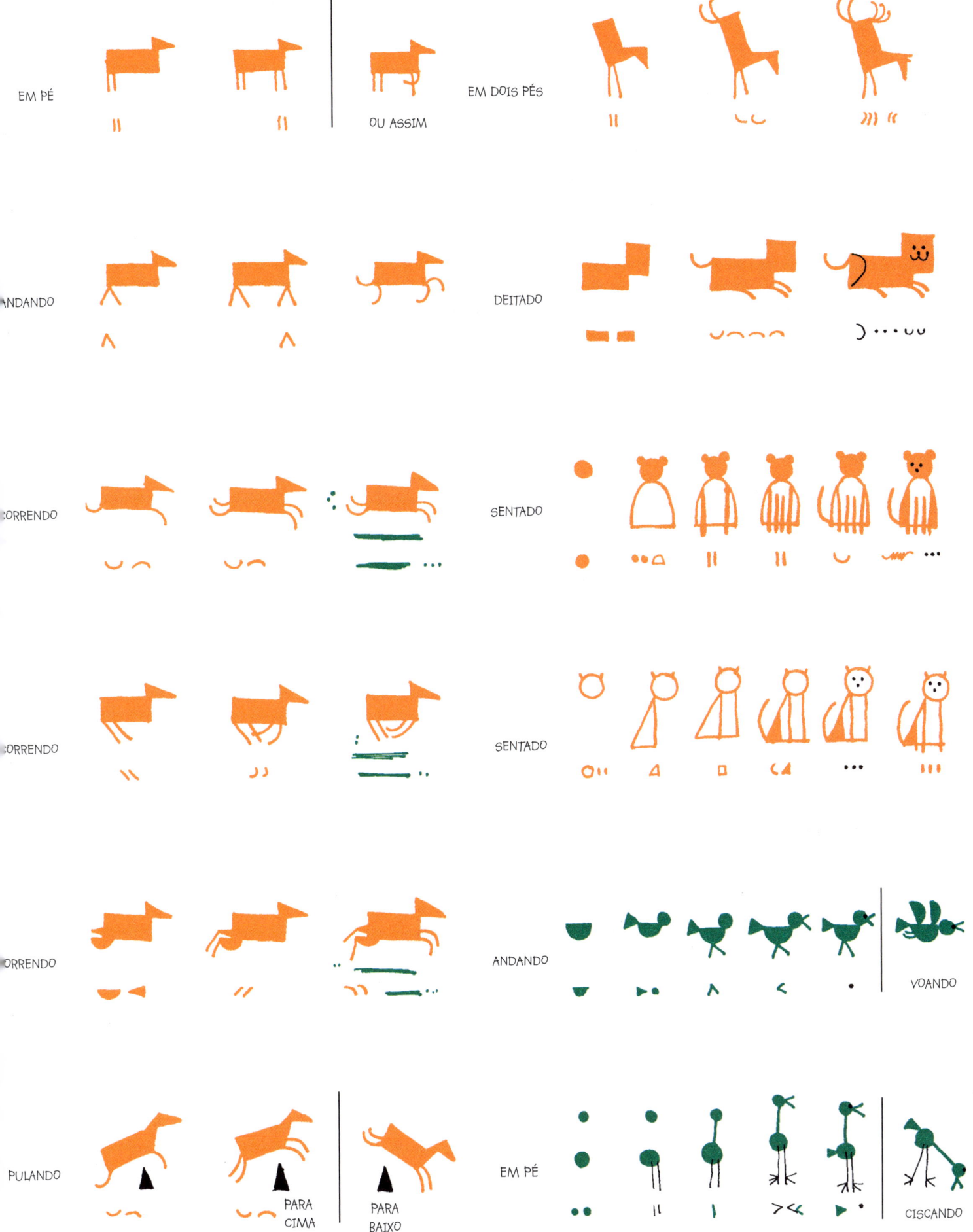

VOCÊ PODE USAR AS FACES PARA FAZER QUALQUER TIPO DE COISA, COMO:

CARTÕES, PLACAS, PÔSTERES, CARTAS, MÁSCARAS, FANTOCHES E BONECAS.

SOBRE O AUTOR

Ed Emberley nasceu em Massachusetts, nos Estados Unidos, em 1931. Ilustrou mais de 100 livros infantis e é autor de várias obras para crianças. Para esse jovem vovô todo mundo pode ser artista, por isso seus livros ensinam a desenhar de um jeito bastante simples. Junto com outras honrarias, Ed recebeu o Prêmio Caldecott, um dos mais importantes da literatura infantil, e participa da Lista de Notáveis da Associação da Livraria Americana. No Brasil foram publicados os livros *Desenhando animais*, *Desenhando com os dedos* e *Desenhando monstros*, todos pela Panda Books.